FiT FÜR DIE SCHULE

W0343594

Das musst du wissen!

Deutsch 1. Klasse

von Sonja Reichert
Illustrationen von Guido Wandrey
Coverillustration von Franziska Harvey

TESSLOFF

Vorwort

Liebe/r ______________________,

du möchtest alles wissen, was in der 1. Klasse in Deutsch wichtig ist?
Dann ist dieses Heft genau das Richtige für dich!

Du findest hier Aufgaben zu allen Lernbereichen:

- **Richtig schreiben**
- **Sprache untersuchen**
- **Lesen**
- **Texte verfassen**

Wiederhole noch einmal alle wichtigen Inhalte des Schuljahres und überprüfe, was du sicher kannst.

So arbeitest du mit diesem Heft:

→ Alle neuen Lerninhalte werden in den blauen **Lernkästen** erklärt und mit **Beispielen** verdeutlicht.

→ Mit den **Übungsaufgaben** kannst du im Anschluss prüfen, ob du alles verstanden hast.

→ Hast du alles richtig? Sieh einfach selbst in den **Lösungen** nach.

→ Für jede bearbeitete Seite kannst du im **Ausmalbild** auf der letzten Heftseite ein Feld ausmalen.

Jetzt weißt du alles, was du in der 1. Klasse in Deutsch wissen musst!

Viel Spaß und Erfolg!

Inhaltsverzeichnis

Laute hören

➔ Jedes gesprochene Wort besteht aus verschiedenen **Lauten**.
Du hörst sie, wenn du langsam und deutlich sprichst.

1 Welche Wörter beginnen mit dem gleichen Laut?
Geh auf die Suche und male die richtigen Bilder an.

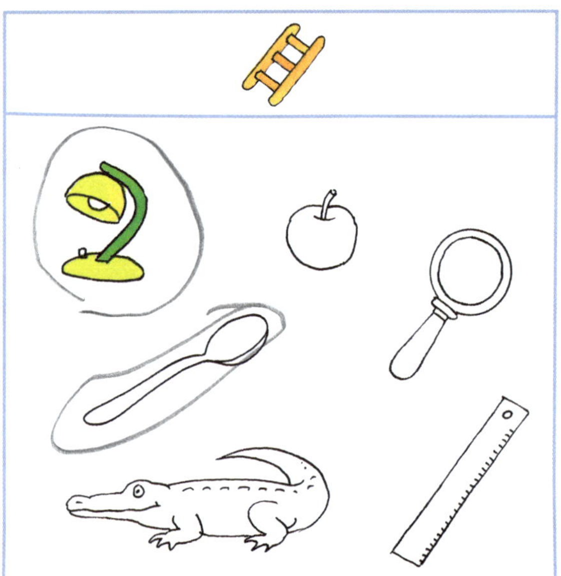

2 Welche Wörter beginnen mit dem gleichen Laut? Starte bei den Pfeilen und verbinde die Dinge, die mit dem gleichen Laut beginnen.

Laute erkennen

➔ Einen Laut kannst du am Anfang, in der Mitte oder am Ende eines Wortes hören.

1 Sprich das Wort langsam und laut. Wo hörst du den Laut? Kreuze an.

→ In vielen Wörtern kannst du einen Laut auch öfter hören.

g

X	X	

1 An welchen Stellen des Wortes hörst du den Laut?

k

X	X	

n

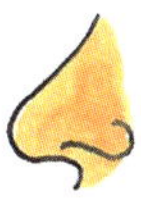

X		X

t

X	X	

l

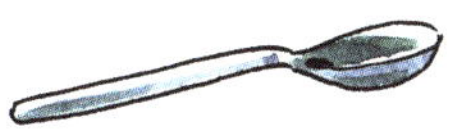

X		

e

X		

Die Buchstaben

→ Für jeden Laut, den du sprichst, gibt es mindestens einen **Buchstaben**. Buchstaben kannst du schreiben und lesen. Zu jedem großen Buchstaben gibt es einen kleinen.

1 Kannst du alle Buchstaben schreiben? Spure die Buchstaben nach. Augen auf: Achte beim Schreiben auf die Pfeile.

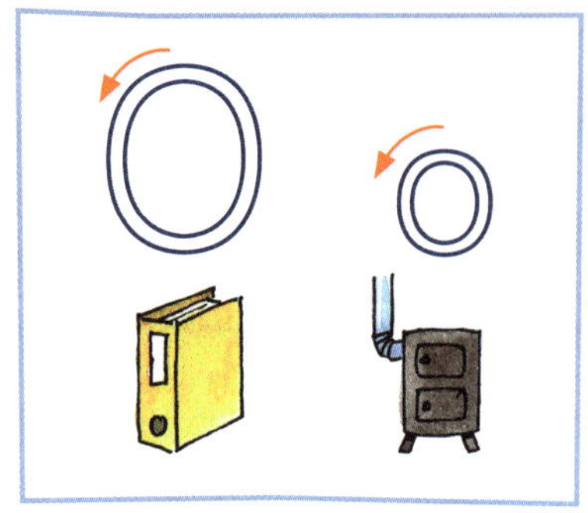

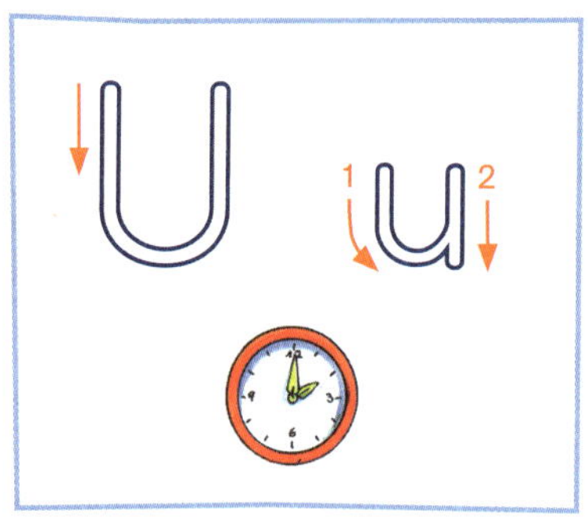

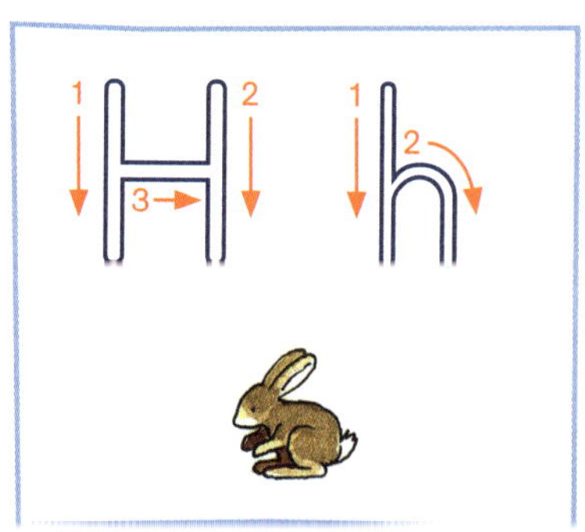

R r

N n

P p

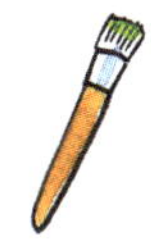

K k

T t

W w

J j

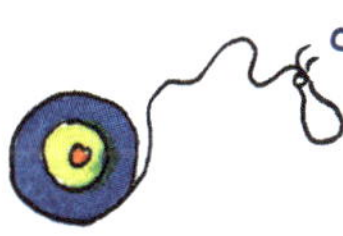

Z z

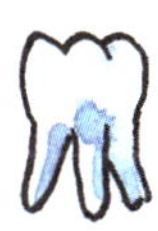

F f

V v

X x

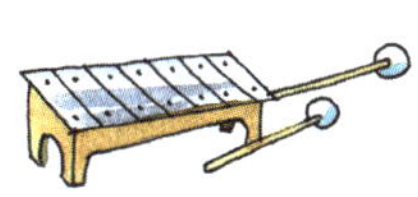

C c

Qu qu

Y y

Buchstaben schreiben

→ Wenn du die Buchstaben auf Linien schreibst, musst du darauf achten, wo sie wohnen: im Dachgeschoss, im Erdgeschoss oder im Keller.

Aa

1 Schreibe jeden Buchstaben zweimal. Achte genau darauf, wo der Buchstabe wohnt.

P p T t

G g H h

M m J j

F f Qu qu

D d S s

A a E e

2 Gibt es einen Buchstaben, der dir noch schwerfällt? Übe ihn hier.

→ Für manche Laute schreibst du zwei Buchstaben. Sie heißen **Doppellaute: Au/au, Äu/äu, Ai/ai, Ei/ei, Eu/eu.**

Auge Säule Mais Seife Heu

1 Kreise alle Doppellaute ein.

Zauberer Seil Hai

Mai klein

Feuer Zäune Frau

2 Kannst du die Wörter lesen? Fahre die Linien nach und schreibe die Wörter auf.

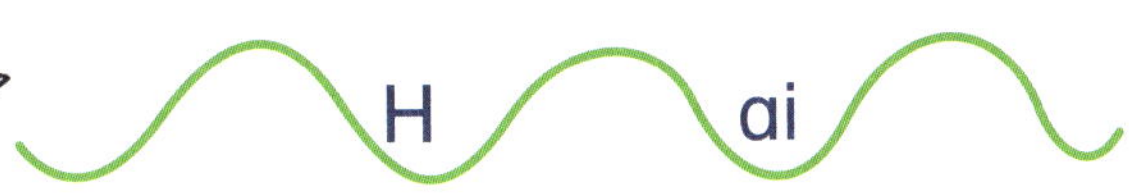

Wörter in Silben gliedern

→ Wörter bestehen aus **Silben**. Du hörst sie, wenn du beim Sprechen in die Hände klatschst.

Maus Hase Krokodil

1 Immer zwei Silben ergeben ein Wort. Verbinde sie.

Au

ge

we

Rau

Fla

Lam

Ku

sche

pe

Lö

chen

Blu

me

pe

2 Verbinde jeweils drei Silben zu einem Wort.

	Zi	räu	ber
	Re	schrau	ne
	Hub	tro	schirm
	See	gen	ber

3 Schreibe die Wörter auf. Ergänze die Silbenbögen.

Zitrone

Lautgetreue Wörter schreiben

1 Kannst du die Rätsel lösen?

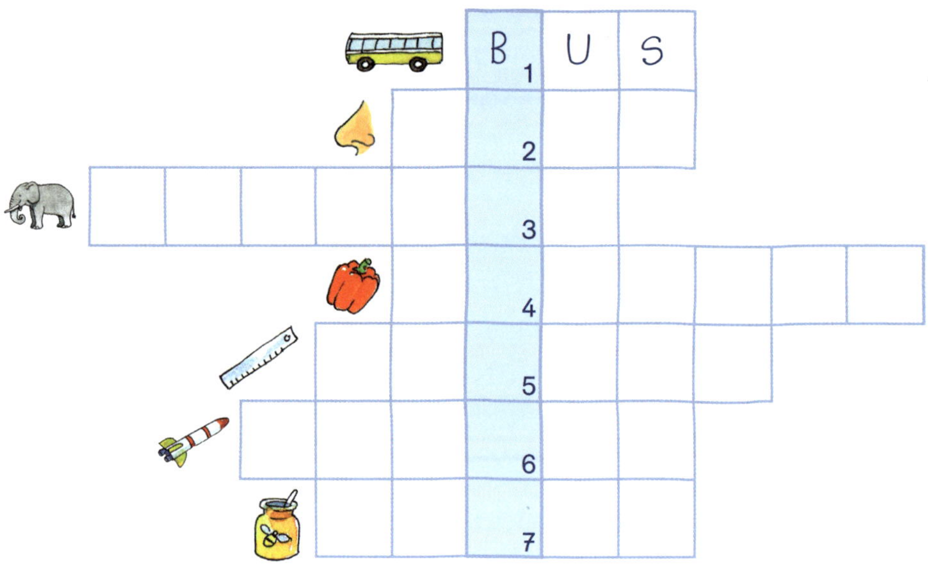

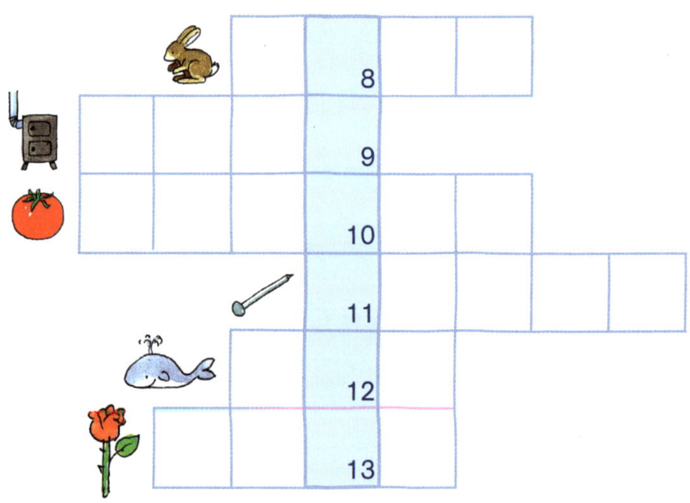

Die Lösungswörter heißen:

B 1	2	3	4	5	6	7
8	9	10	11	12	13	

→ Zwei Wörter, die sich am Ende gleich anhören, **reimen** sich.

Schl**üssel**

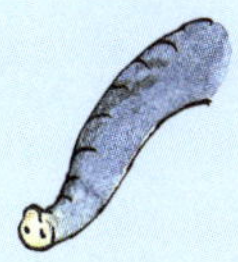

R**üssel**

1 Verbinde immer zwei Dinge, deren Namen sich reimen.

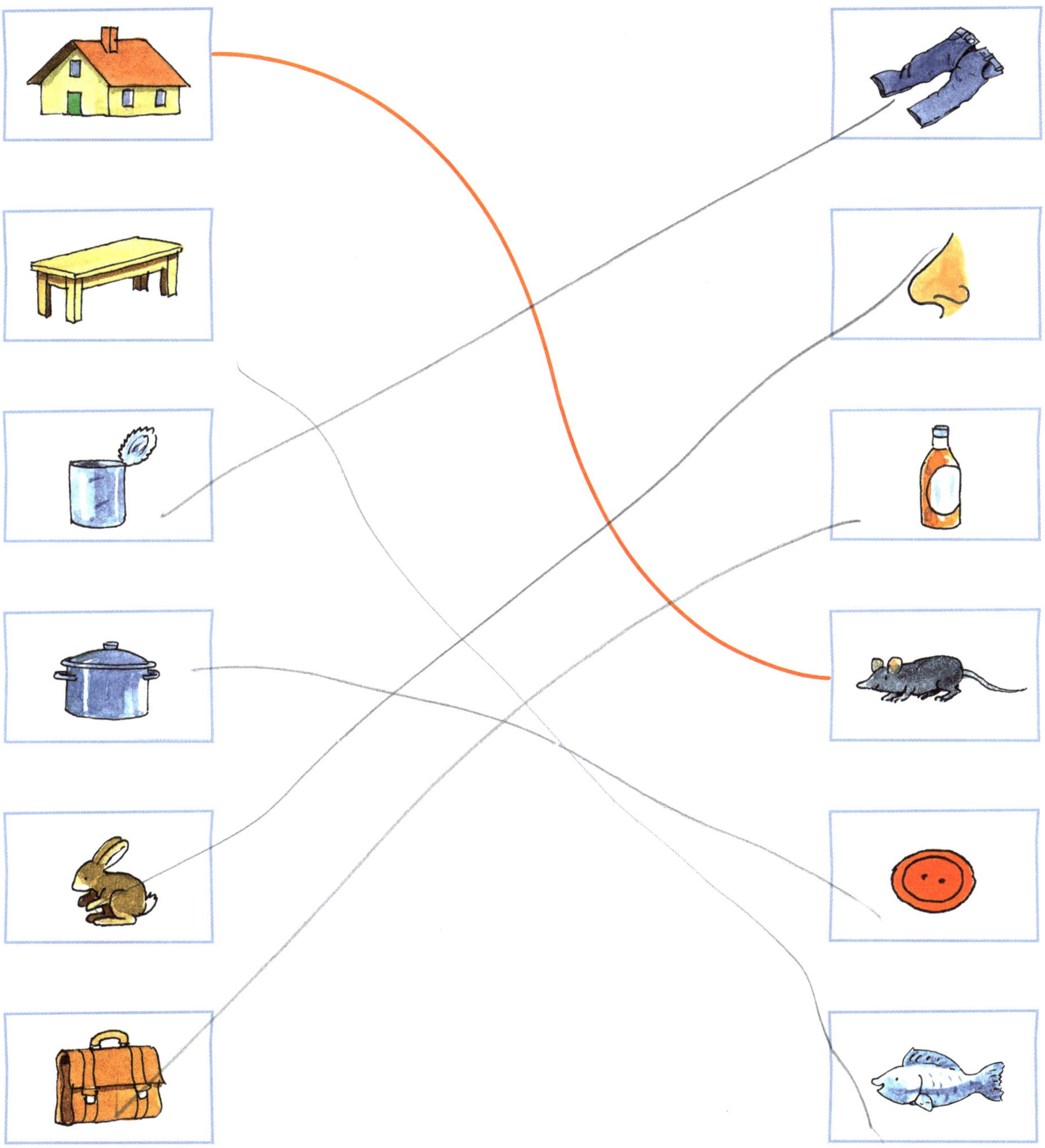

Wörter mit Sch/sch

1 Wo hörst du das (sch)? Kreuze an.

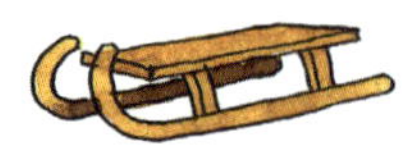

2 Schreibe die Wörter auf.

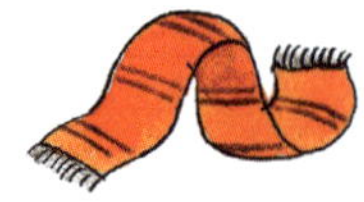

Wörter mit St/st

→ Sprichst du bei einem Wort (scht), dann schreibst du **St/st**.

Stift

1 Schreibe die Wörter dreimal auf.

2 In jeder Zeile hat sich ein Wort mit **St** versteckt. Findest du es?

W	A	T	U	S	T	I	E	R
I	L	M	K	L	S	T	A	B
V	J	C	S	T	A	L	L	N
X	S	T	U	N	D	E	G	A
R	S	T	E	M	P	E	L	R
S	T	U	H	L	Z	X	P	I

Wörter mit Sp/sp

➔ Hörst du bei einem Wort (schp), dann schreibst du **Sp/sp**.

Spinne

1 Finde alle **Sp/sp**. Male die Felder orange an.

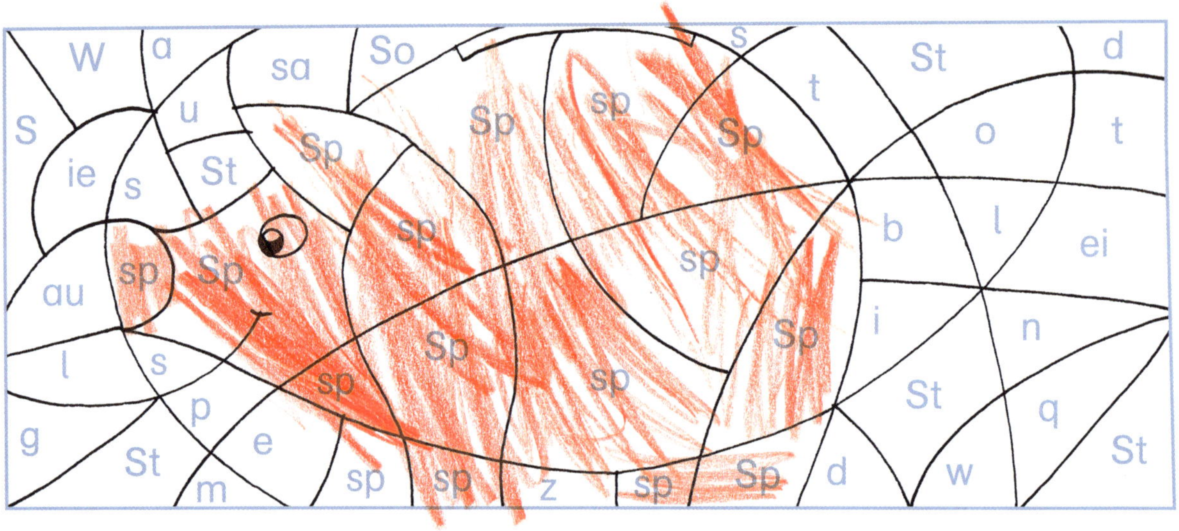

2 Die Buchstaben sind durcheinandergeraten.
Schreibe die Wörter richtig auf.

t a g Sp a

SPL

ch e Sp t

e ie Sp l g

→ Manche Wörter sind miteinander verwandt. Das hilft dir beim Schreiben. Der Buchstabe **a** wird oft zu **ä**.

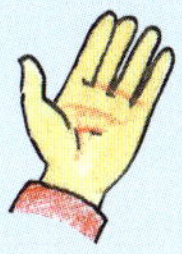
H**a**nd

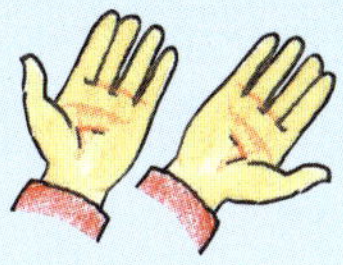
H**ä**nde

1 Fahre die Linien nach und suche die verwandten Wörter. Schreibe sie auf.

der Ball — die

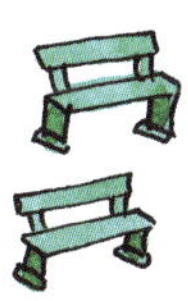
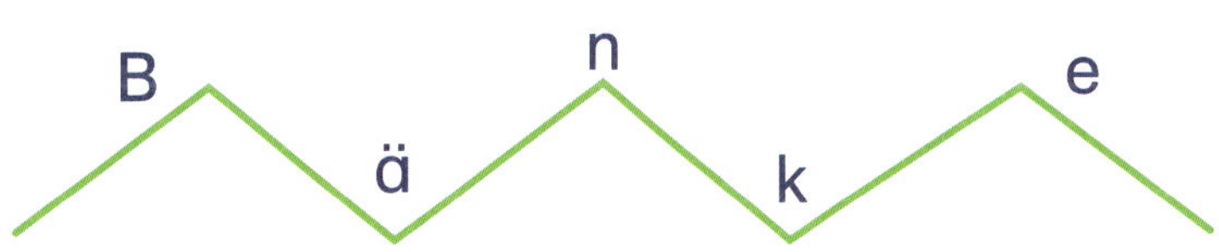

die Bank — die

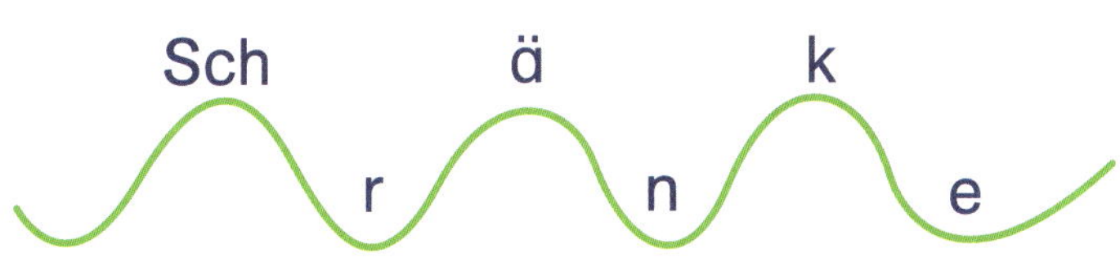

der Schrank — die

Wörter mit -el und -er

➔ Bei manchen Wörtern hörst du am Wortende nicht alle Buchstaben. Merke dir die Endungen gut.

 Ig**el**  Tig**er**

1 Verbinde die Wörter mit dem richtigen Bild.
Kreise die Endungen **-el** oder **-er** ein.

Ordner

Tiger

Spiegel
Würfel
Hammer
Vogel

Gürtel

Spitzer

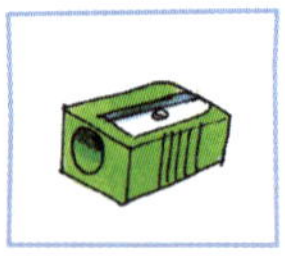

2 Ordne die Wörter von Aufgabe 1 der richtigen Endung zu.
Schreibe sie auf.

-el:

-er:

1 Beantworte die Fragen. Suche die Wörter in der Wörterliste.

die **Ameise**
der **Bär**
das **Chamäleon**
der **Dackel**
der **Esel**
die **Fledermaus**
die **Giraffe**
der **Hirsch**
der **Igel**
der **Jaguar**
der **Koala**
der **Löwe**
der **Maulwurf**
das **Nilpferd**
der **Otter**
der **Papagei**
die **Qualle**
die **Raupe**
die **Spinne**
der **Tintenfisch**
der **Uhu**
der **Vogel**
das **Wildschwein**
X - - -
der **Yak**
das **Zebra**

Welches Wort steht unter dem Wort Fledermaus?

Welches Wort steht über dem Wort Maulwurf?

Welches Tier beginnt mit Sp?

Zu welchem Buchstaben gibt es hier kein Tier?

Richtig abschreiben

→ So kannst du üben, Wörter **richtig abzuschreiben**:

1. Lies das Wort. 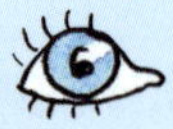

2. Merke dir die schwierigen Stellen. 

3. Schreibe das Wort aus dem Kopf auf. 

4. Überprüfe jeden Buchstaben. Wenn du etwas falsch abgeschrieben hast, dann verbessere es. 

1

Schreibe die Wörter richtig ab.

Opa

Bein

Stufe

Bleistift

Tisch

Auto

Spur

Spinat

→ **Selbstlaute** (Vokale) klingen von selbst.
Sie heißen **A/a, E/e, I/i, O/o, U/u.**

Selbstlaute sind die Könige der Silben.
Sie kommen in jeder Silbe vor.

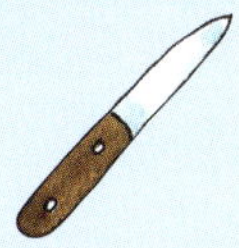

Ast   M**e**s s**e**r   L**a**t**e**r n**e**

1 Finde alle Selbstlaute und male die Felder gelb aus.

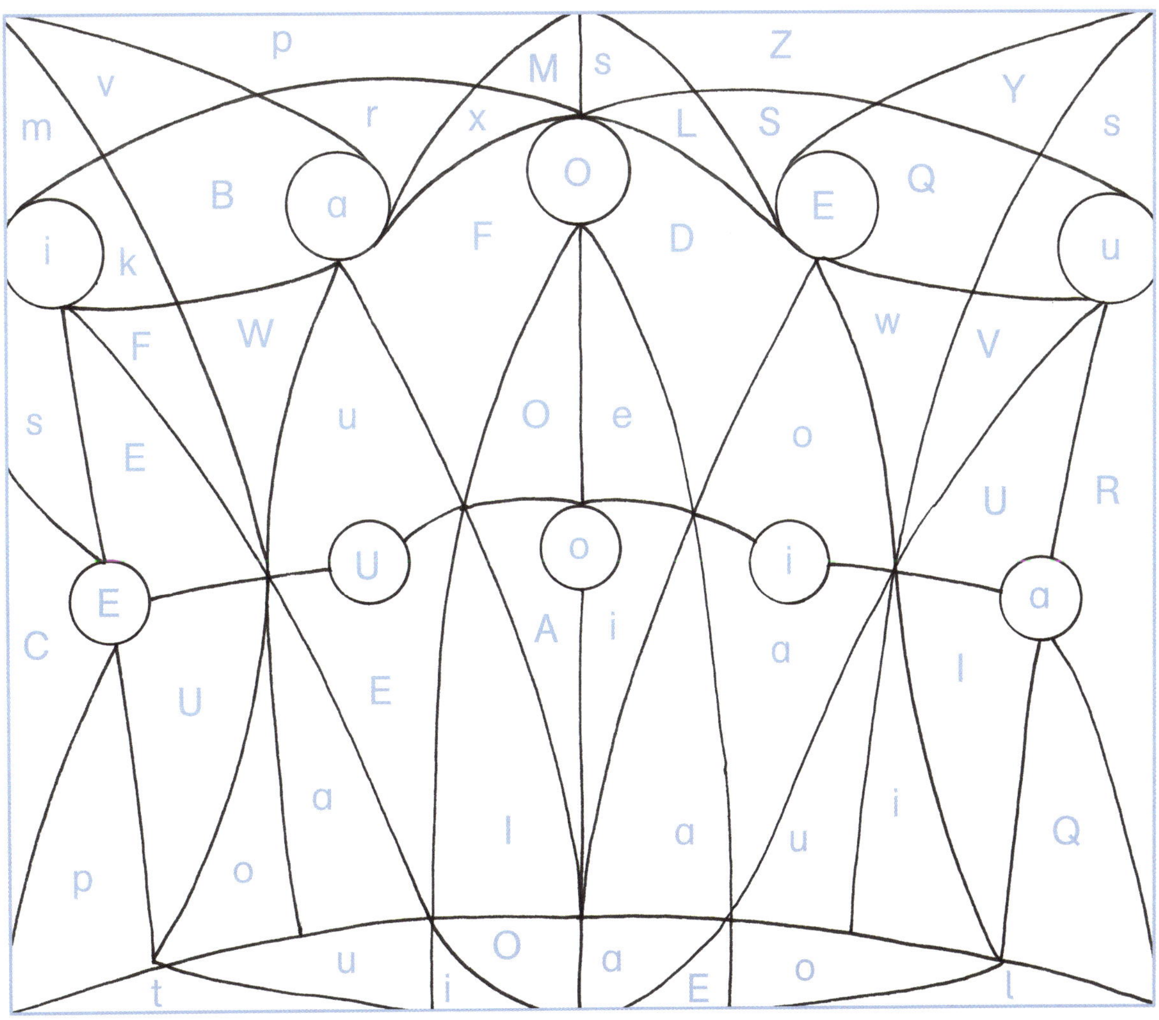

Selbstlaute erkennen

2 Findest du die Silbenkönige? Zeichne um jeden Selbstlaut eine Krone.

K i r s c h e

O b s t

B u s

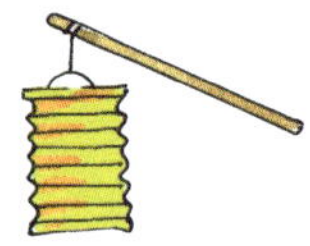
L a t e r n e

R a k e t e

P o l i z i s t

R e g e n b o g e n

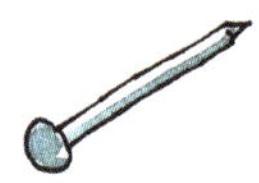
N a g e l

3 Ergänze die fehlenden Selbstlaute.

T e l e f o n

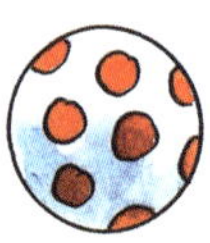
B___ll

H___t

M___lch

S___l___t

T___ss___

M___l___n___

G___r___ff___

→ **Nomen** (Namenwörter) geben Tieren, Pflanzen, Dingen und Personen einen Namen. Du schreibst sie mit einem großen Anfangsbuchstaben.

Käfer

Tulpe

Sofa

Mann

1 Ergänze bei jedem Nomen den Anfangsbuchstaben.

 M ond

 ___aupe

 ___aktus

 ___pa

 ___ädchen

 ___essel

 ___inguin

 ___öwenzahn

2 Ordne die Wörter aus Aufgabe 1 richtig zu.

Personen	Tiere	Dinge	Pflanzen

Nomen erkennen und schreiben

3 In jeder Zeile hat sich ein Nomen versteckt. Findest du es? Kreise es ein.

U	O	M	A	T	D	R	I	N	R
T	U	S	P	A	P	A	C	Y	B
Z	T	I	K	L	B	I	L	D	M
R	P	A	K	E	T	G	V	A	L
R	A	B	E	B	N	U	O	Z	W
X	U	M	P	G	R	A	S	M	I
T	V	H	U	N	D	L	I	K	A
I	P	N	R	B	L	U	M	E	Z

4 Schreibe die Nomen auf.

Personen: Oma

Tiere:

Dinge:

Pflanzen:

Artikel finden

→ Jedes Nomen (Namenwort) hat einen **Artikel** (Begleiter).
Er heißt **der, die** oder **das.**

 **der** Fisch  **die** Giraffe  **das** Känguru

1 Verbinde jedes Nomen mit seinem Artikel.

Schwimmreifen

Gitarre

der

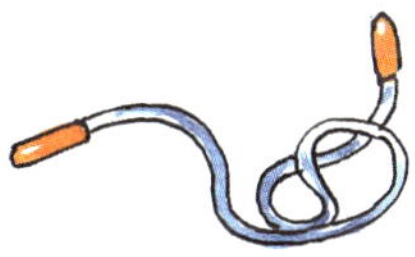
Springseil

Traktor

die

Blüte

Pferd

das

Blatt

Fußball

Artikel finden

→ Die Artikel (Begleiter) **der**, **die**, **das** benutzt du, wenn du etwas ganz **Bestimmtes** benennen möchtest.
Wenn du irgendeine Person, irgendein Tier, irgendeine Pflanze oder irgendein Ding meinst, benutzt du den **unbestimmten** Artikel (Begleiter) **ein** oder **eine**.

die Katze	**eine** Katze	**das** Pferd	**ein** Pferd
der Hund	**ein** Hund		

1 Schreibe das Nomen mit dem unbestimmten Artikel auf.

die Kette — eine Kette

das Bild

der Ring

die Suppe

2 Wie heißt der bestimmte Artikel? Schreibe ihn mit dem Nomen auf.

ein Pilz

der Pilz

eine Sandburg

ein Kreis

eine Feder

→ Nomen (Namenwörter) kommen in der **Einzahl** oder in der **Mehrzahl** vor.

Einzahl:
ein Kind

Mehrzahl:
zwei Kinder

1 Verbinde die Einzahl mit der richtigen Mehrzahl.

eine Banane

eine Tasse

ein Ball

ein Buch

sechs Tassen

zwei Bücher

drei Bananen

vier Bälle

2 Schreibe die Nomen mit ihrem Artikel in der Einzahl auf.

die Taschen  die Tasche

die Stifte 

die Nudeln 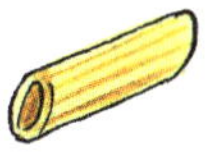

die Bilder 

Zusammengesetzte Nomen

→ Nomen (Namenwörter) können aus mehreren Nomen bestehen. Man nennt sie **zusammengesetzte Nomen**.

 der **Baum** +  das **Haus** = das **Baumhaus**

1 Bilde aus den Nomen ein zusammengesetztes Nomen.

 der Stuhl + 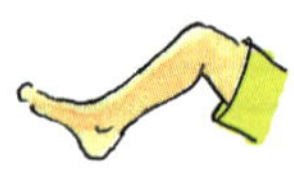 das Bein — das Stuhlbein

 das Haus +  die Tür — die

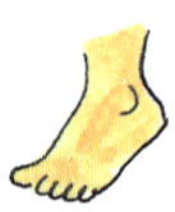 der Fuß +  der Ball — der

 der Indianer +  das Zelt — das

 der Finger +  der Nagel — der

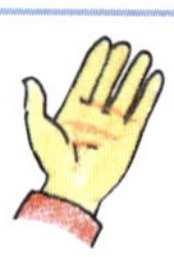 die Hand +  der Schuh — der

Oberbegriffe finden

→ Mit einem **Oberbegriff** kannst du Dinge, die etwas gemeinsam haben, gleichzeitig benennen.

Fahrzeuge:    

Schulsachen:    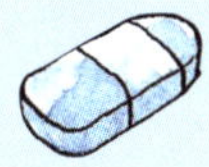

1 Ordne die Dinge den richtigen Oberbegriffen zu und schreibe sie auf.

 Teddybär

 Schal

 Puppe

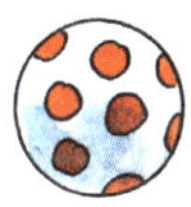 Ball

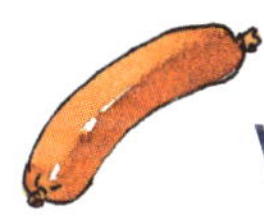 Wurst

 Hose

 Brot

 Salat

 Mütze

Spielzeug:

Essen:

Kleidung:

Verben erkennen

➔ **Verben** (Tunwörter) sagen, was jemand tut oder was geschieht.

hüpfen 

1 Verbinde die Verben mit den richtigen Bildern.

singen | rennen | lachen | lesen

telefonieren | klatschen | winken | schreiben

2 Was tun die Kinder? Kreise die Verben ein.

Hanna schaukelt.

Bruno spielt Fußball.

Sarah schreibt einen Brief.

Heinrich springt Seil.

Anne liest ein Buch.

Tim und Tom laufen zur Rutsche.

Maria sitzt auf der Wippe.

Adjektive erkennen

➔ **Adjektive** (Wiewörter) sagen dir, wie Tiere, Pflanzen, Dinge oder Personen sind.

Die Ameise ist **klein**. 

Die Blüte ist **schön**. 

Der Lutscher ist **süß**. 

Tino ist **glücklich**. 

1 Ergänze die Adjektive.

scharflangsamhochkuscheligkaltrund~~schnell~~

 Das Rennauto ist schnell .

 Der Fußball ist ______ .

 Das Messer ist ______ .

 Der Teddybär ist ______ .

 Die Schnecke ist ______ .

 Der Turm ist ______ .

 Das Eis ist ______ .

→ Ein **Satz** besteht aus mehreren Wörtern. Den Satzanfang schreibst du immer groß. Am Ende eines Satzes steht ein Punkt.

Die Sonne scheint**.**

1 Trenne die Wörter durch Striche und schreibe den Satz richtig auf. Kreise in jedem Satz den Satzanfang und den Punkt ein.

Laura hört Musik.

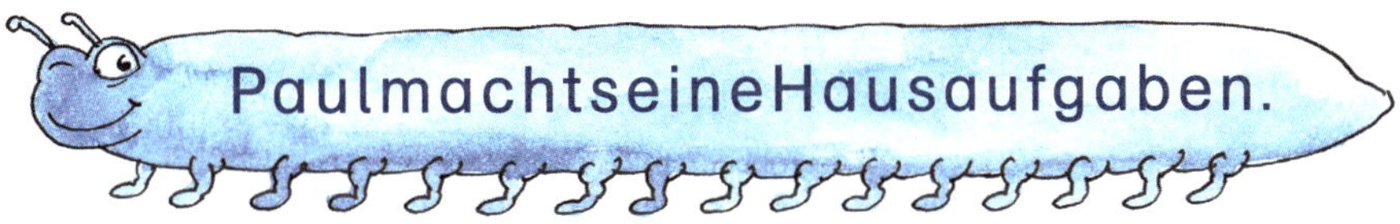

Sätze bilden

1 Bilde aus den Wörtern einen Satz. Schreibe ihn auf.
Kreise den Satzanfang und den Punkt ein.

spannend | ist | Das Buch

Das Buch ist spannend.

Federball | spielen | Die Kinder

sitzt | Ein Vogel | auf dem Baum

leckere | Waffeln | backt | Mama

landet | auf der Nase | Die Fliege

2 Verbinde die Wörter zu einem Satz.

Fabian und Bela	schwimmt	auf dem Boden.
Die Sonne	spielen	im Wasser.
Der Kürbis	scheint	Tennis.
Der Fisch	wächst	am Himmel.

Die Räuber	steht	ihre Beute.
Der Baum	fliegt	im Meer.
Der Wal	suchen	ins Weltall.
Die Rakete	lebt	im Wald.

Wörter finden

1 Lies genau. Finde das passende Wort zum Bild. Kreuze es an.

	☐ Würste	☒ Würfel	☐ Würmer
	☐ lesen	☐ laufen	☐ lachen
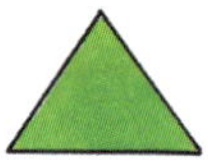	☐ Dezember	☐ Dreieck	☐ Drachen
	☐ hören	☐ heute	☐ hell
	☐ Schaf	☐ Schnee	☐ Schuh
	☐ Tasse	☐ Topf	☐ Torte
	☐ Lampe	☐ Lastwagen	☐ Land
	☐ Hecht	☐ Huhn	☐ Herz

1 Lies und male das passende Bild zu dem Wort.

die Blume

der Pfeil

die Schnecke

das Boot

die Brille

der Ring

die Wolke

das Fahrrad

das Buch

Lesebilder malen

1 Lies die Sätze. Ergänze die Bilder und male sie an.

Zauberer Rudi hat einen blauen Umhang an.
Sein Zauberstab ist rot.
Auf seinem Hut sind drei gelbe Sterne.

Lisa ist ein rosa Nilpferd.
Sie geht immer mit ihrem grünen Hut spazieren.
Auf ihrem Rücken reitet ein blauer Vogel.

Petra reitet auf dem braunen Pony.
Sie sitzt auf einem roten Sattel.
In ihrer rechten Hand hat sie ein gelbes Holzschwert.
Sie springen über einen grünen Zaun.

1 Welche Sätze passen zum Bild? Kreuze sie an.

- ☐ Bauer Bert läuft mit seinem Pony über den Hof.
- ☐ Im Stall sind Kühe und Schweine.
- ☐ Der Hund sitzt vor seiner Hütte.
- ☐ Auf dem Dach sitzen zwei Vögel.
- ☐ Die Maus versteckt sich unter dem Traktor.
- ☐ Das Fahrrad ist gelb.
- ☐ Zwei Kinder spielen mit einem Ball.
- ☐ Auf dem Hof wächst ein Kirschbaum.

Stolpersätze verbessern

1 In jedem Satz ist ein Wort zu viel. Streiche es durch. Lies die Sätze laut, dann merkst du, welches Wort nicht passt.

Anton und Johanna wollen in auf den Zoo.

Heute ist hat das Wetter schön.

Sie fahren mit in dem Fahrrad.

Im Zoo leben der viele Tiere.

Johanna möchte sind die Pinguine sehen.

Sie sind haben alle im Wasser und tauchen.

Die Löwen liegen machen faul in der Sonne.

Auf dem und Spielplatz sind viele Kinder.

Zum Abschied essen in beide noch ein Eis.

Es war ein der schöner Tag.

1 Löse das Rätsel und finde das Lösungswort.

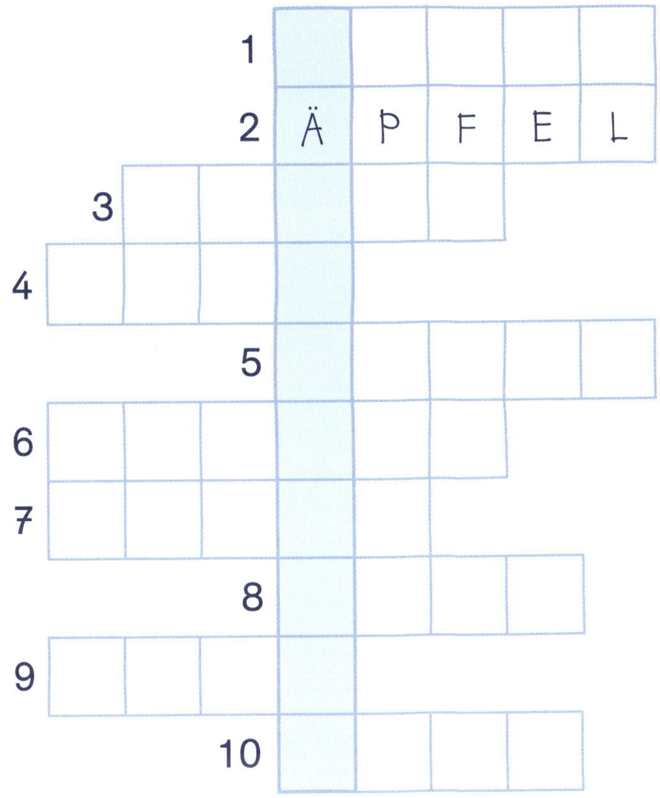

1 Ein König hat sie auf dem Kopf.

2 Die Mehrzahl von Apfel

3 Damit fegst du den Boden.

4 Eine Blume mit Dornen

5 Diesen Schmuck trägt eine Frau um den Hals.

6 Dort lernen Kinder lesen und schreiben.

7 Das gibt die Kuh.

8 Dieses Tier kann bellen.

9 Der Planet, auf dem wir leben

10 Damit kannst du riechen.

Bilder finden

1 Verbinde die Quatschsätze mit den richtigen Bildern.

Der Baum geht spazieren.

Der Vogel trinkt einen Saft.

Die Kuh fährt mit dem Fahrrad.

Die Hexe fliegt auf dem Staubsauger.

Auf der Palme wachsen Bücher.

Der Hund zieht seine Schuhe an.

Der Käfer fährt Rollschuh.

Die Maus reitet auf der Katze.

→ Wenn du eine Geschichte liest, erfährst du viele Dinge.
Lies langsam und genau. Wenn du etwas vergessen hast,
kannst du auch noch einmal nachlesen.

1 Lies die Geschichte. Kannst du die Fragen beantworten?
Kreuze die richtige Antwort an.

Lotta besucht ihre Oma Helene. Sie wohnt in einem Baumhaus. Mit einer Strickleiter klettert Lotta hinauf. Klaus, der Papagei, sitzt auf dem Tisch. Er ruft: „Hallo Lotta.“ Oma Helene liegt in ihrer Hängematte. Sie liest ein Buch. Es ist eine Räubergeschichte. Sie steht auf und gibt Lotta einen Kuss. Dann essen sie eine Kartoffelsuppe.

1. Wie heißt Lottas Oma?

☐ Frieda ☐ Helene ☐ Käthe

2. Wo wohnt die Oma?

☐ in Berlin ☐ in einem Baumhaus ☐ in einem Hochhaus

3. Wie kommt Lotta in das Haus?

☐ Strickleiter ☐ Aufzug ☐ Rolltreppe

4. Was liest die Oma?

☐ Post ☐ Buch ☐ Zeitung

5. Was essen die beiden?

☐ Kartoffelsuppe ☐ Eis ☐ Salat

Einen Sachtext verstehen

➔ Ein **Sachtext** informiert dich genau über Personen, Tiere, Pflanzen, Gegenstände oder Vorgänge.

1 Lies den Text.

Auf einer Burg gibt es viel zu tun

Auf der Burg arbeiten Knechte und Mägde. Sie machen die schwere Arbeit. Knechte holen Wasser und hacken Holz. Im Stall versorgen sie die Pferde. Mägde waschen die Wäsche und pflegen den Garten. Sie weben Stoffe und nähen daraus Kleidung. Der Schmied ist besonders wichtig. Er stellt Messer, Werkzeuge und Nägel her. Dazu benutzt er Eisen. Er repariert die Waffen und schmiedet neue Spitzen für Pfeile und Lanzen. Die Pferde bekommen vom Schmied neue Hufe. Waffenschmiede in der Stadt bauen wertvolle Schwerter und Dolche.

2 Kannst du die Fragen zum Text beantworten?

1. Wer arbeitet auf der Burg?

2. Welche drei Arbeiten erledigen die Knechte?

3. Wer wäscht die Wäsche und kümmert sich um den Garten?

4. Wer beschlägt die Pferde auf der Burg?

5. Woraus macht der Schmied Messer, Werkzeuge und Nägel?

Ein Gedicht betont vorlesen

→ Das Vorlesen kannst du üben. Lies den Text erst leise durch, damit du verstehst, worum es geht. Übe dann, den Text betont vorzulesen.

1 Ergänze die Reimwörter in dem Gedicht.

dumm	wieder	Hurra	schwer	weg

Zehn kleine Zappelmänner

Zehn kleine Zappelmänner zappeln hin und her,

zehn kleinen Zappelmännern fällt das gar nicht ________________.

Zehn kleine Zappelmänner zappeln auf und nieder,

zehn kleine Zappelmänner tun das immer ________________.

Zehn kleine Zappelmänner zappeln ringsherum,

zehn kleine Zappelmänner, die sind gar nicht ________________.

Zehn kleine Zappelmänner spielen gern Versteck,

zehn kleine Zappelmänner sind auf einmal __________!

Zehn kleine Zappelmänner sind nun wieder da,

zehn kleine Zappelmänner rufen laut: „______________!“

2 Übe, das Gedicht betont vorzulesen. Dein Vortrag wird lebendiger, wenn du mit deinen Fingern die zehn Zappelmänner spielst.

→ Sammle Ideen, bevor du eine Geschichte erzählst oder schreibst.
Mit dem **Gedankennetz** vergisst du keine deiner Ideen.

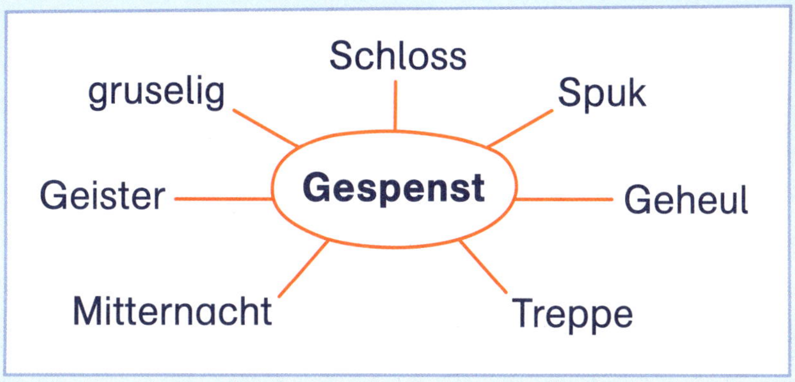

1 Schreibe ein eigenes Gedankennetz.
Was fällt dir zu diesem Wort ein?

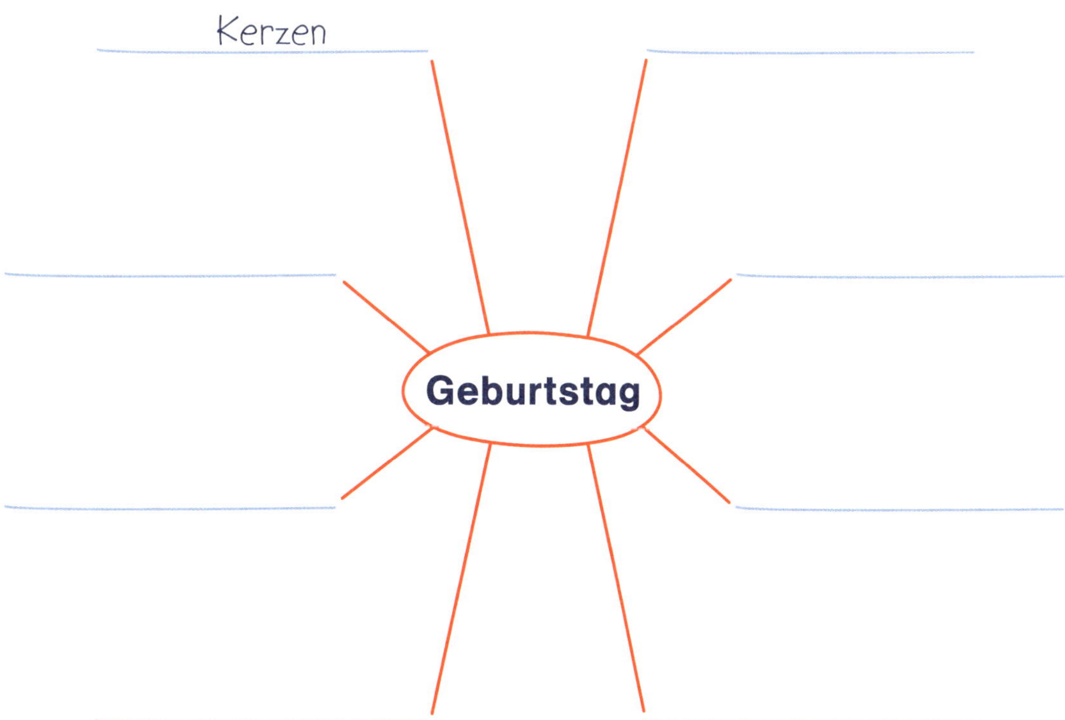

Zu Bildern schreiben

➔ Zu Bildern kannst du dir Sätze oder Geschichten ausdenken. Sieh dir das Bild zuerst genau an und überlege, was du schreiben möchtest.

1 Was könnte der Außerirdische entdeckt haben? Male das Bild zu Ende.

2 Welche Sätze passen zu deinem Bild? Schreibe sie auf.

3 Denke dir zu jedem Bild einen Satz aus. Schreibe ihn auf.

Zu Bildern schreiben

4 Schau dir die Personen genau an. Beschreibe sie.

Opa Paul

Opa Paul hat einen
Hut auf.

Maja

Leo

Hannes

Oma Käthe

In der richtigen Reihenfolge erzählen

→ Damit man eine Geschichte verstehen kann, musst du sie in der richtigen Reihenfolge schreiben oder erzählen.

1 Bringe die Bilder in die richtige Reihenfolge. Schreibe die Zahlen in die Kästchen.

2 Denke dir zu jedem Bild aus Aufgabe 1 einen Satz aus. Erzähle die Geschichte einer anderen Person.

Zu einer Bildergeschichte schreiben

→ Zu Bildern kannst du dir Sätze ausdenken.
Aus den Sätzen entsteht eine Geschichte.

1 Schreibe zu jedem Bild einen Satz. Wie endet die Geschichte?
Denke dir einen eigenen Schluss aus.

→ Jede Geschichte braucht eine passende **Überschrift**.
Sie soll die Leser neugierig machen.

1 Welche Überschrift passt zur Geschichte? Kreuze sie an.

☐ Die Schatzsuche ☐ Der Wettkampf ☐ Die Flaschenpost

2 Denke dir zu der Geschichte eine Überschrift aus.

Maulwurf Martin trifft Siggi, die Schnecke. Sie wollen ein Wettrennen machen. Wer zuerst am Baum ankommt, hat gewonnen. Martin gräbt sich durch die Erde. Siggi kriecht über den Boden. Am Baum kommt der Maulwurf wieder hoch. „Ich habe gewonnen“, ruft Martin. Da hört er Siggi über ihm lachen: „Ich bin schon lange da.“ Siggi, die Schnecke, sitzt auf Martins Kopf und sagt: „Du bist direkt unter mir aus der Erde gekommen.“

Zu Wörtern schreiben

1 Schreibe mit einigen dieser Wörter eine Geschichte.
Überlege dir auch eine passende Überschrift.

Gewitter, Höhle, Zwerg, hoffen, verstecken, tanzen, lustig, ängstlich, mutig, Regen, Musik, Feuer, klettern, schlafen, rufen, kalt, groß, dunkel

Einen Einkaufszettel schreiben

1 Lies den Text.

Morgen ist Karlas Geburtstag. Karla ist schon sehr aufgeregt. Ihre Freundinnen werden sie besuchen. Ihre Mutter möchte für die Gäste Waffeln backen. Doch dafür fehlen ihr noch einige Zutaten. Sie braucht sechs Eier, Backpulver, Butter, Zucker und Milch. Karla möchte auch noch Luftballons und Luftschlangen. Damit sie beim Einkauf nichts vergessen, schreibt Karla einen Einkaufszettel.

2 Hilf Karla: Schreibe den Einkaufszettel.

Einen Wunschzettel schreiben

1 Schau dir das Bild an. Was wünscht sich Ben?

2 Schreibe Bens Wunschzettel.

Mein Wunschzettel

Lösungen

Seite 4

1

Seite 6

1

Seite 5

2

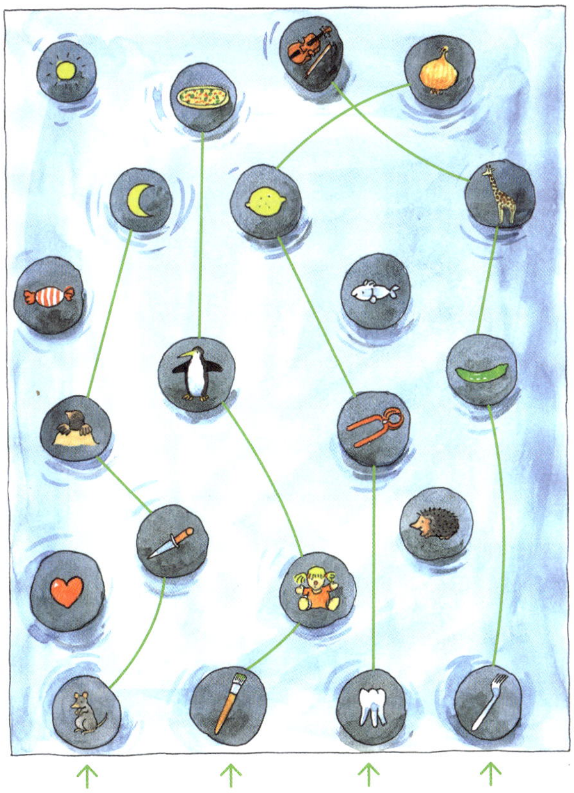

Seite 7

1

Seite 11

1

Zauberer Seil Hai

Mai klein

Feuer Zäune Frau

2 Hai, Seil, Eule

Lösungen

Seite 12

1

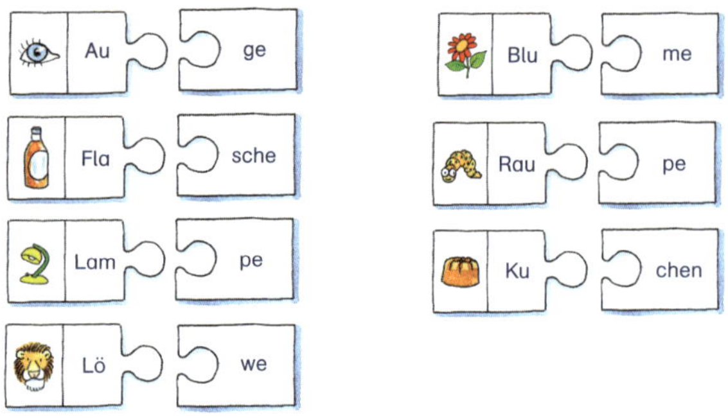

Seite 13

2

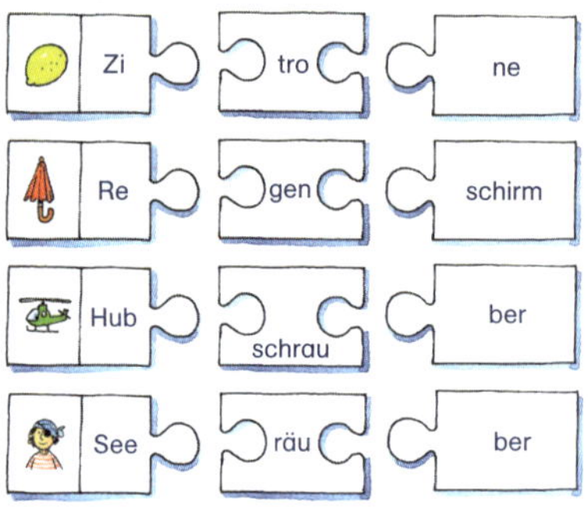

3 Zitrone, Hubschrauber, Regenschirm, Seeräuber

Seite 14

1

Lösungswörter: BANANEN, ANANAS

Seite 15

1 Tisch – Fisch, Dose – Hose, Topf – Knopf, Hase – Nase, Tasche – Flasche

Seite 16

1

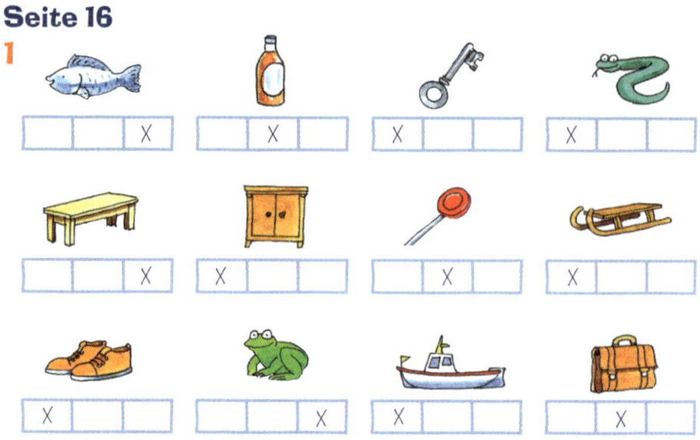

2 Schaf, Schwein, Schwan, Schrank, Schere, Schal

Seite 17

1 Stein, Storch, Stern, Stiefel

2

W	A	T	U	S	T	I	E	R
I	L	M	K	L	S	T	A	B
V	J	C	S	T	A	L	L	N
X	S	T	U	N	D	E	G	A
R	S	T	E	M	P	E	L	R
S	T	U	H	L	Z	X	P	I

Seite 18

1

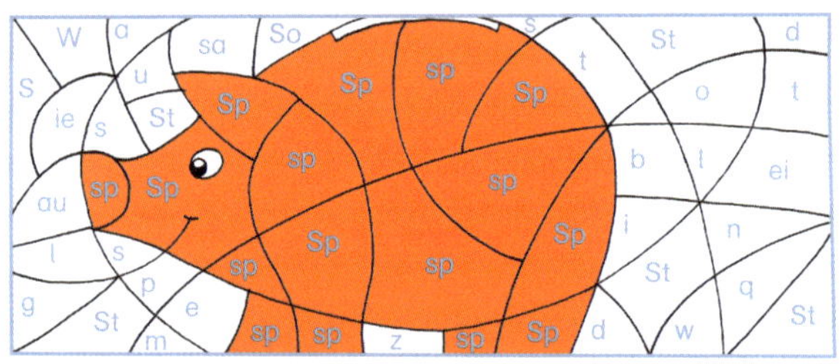

2 Spagat, Specht, Spiegel

Seite 19

1 die Bälle, die Bänke, die Schränke

Seite 20

1

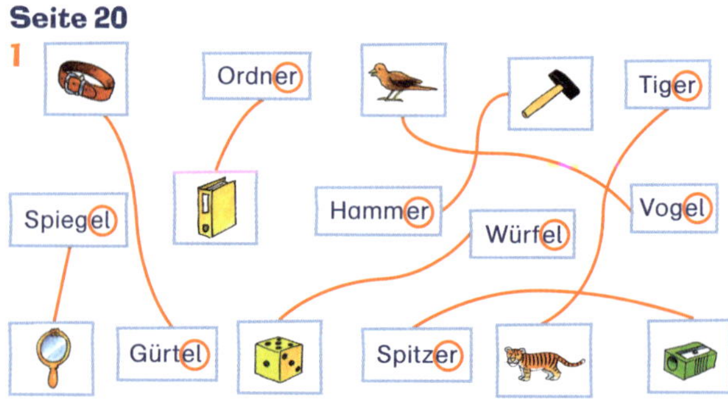

2 Wörter mit -el: Spieg**el**, Gürt**el**, Würf**el**, Vog**el**
Wörter mit -er: Ordn**er**, Hamm**er**, Spitz**er**, Tig**er**

Seite 21
1 Giraffe, Löwe, Spinne, X

Seite 23
1
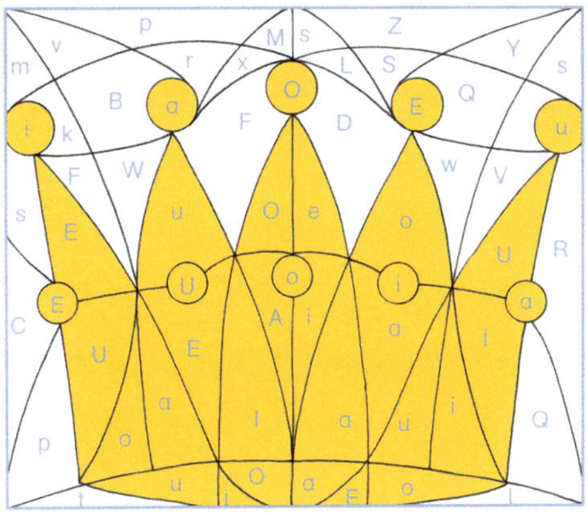

Seite 24
2 Kirsche, Bus, Rakete, Regenbogen,
Obst, Laterne, Polizist, Nagel

3 B**a**ll, H**u**t, M**i**lch, S**a**l**a**t, T**a**ss**e**, M**e**l**o**n**e**, G**i**r**a**ff**e**

Seite 25
1 **K**aktus, **M**ädchen, **P**inguin
Raupe, **O**pa, **S**essel, **L**öwenzahn
2 Personen: Mädchen, Opa
Tiere: Pinguin, Raupe
Dinge: Mond, Sessel
Pflanzen: Kaktus, Löwenzahn

Seite 26
3

U	O	M	A	T	D	R	I	N	R
T	U	S	P	A	P	A	C	Y	B
Z	T	I	K	L	B	I	L	D	M
R	P	A	K	E	T	G	V	A	L
R	A	B	E	B	N	U	O	Z	W
X	U	M	P	G	R	A	S	M	I
T	V	H	U	N	D	L	I	K	A
I	P	N	R	B	L	U	M	E	Z

4 Personen: Oma, Papa
Tiere: Rabe, Hund
Dinge: Bild, Paket
Pflanzen: Gras, Blume

Seite 27
1 das Springseil, die Blüte, das Blatt, die Gitarre, der Traktor, das Pferd, der Fußball

Seite 28
1 ein Bild, ein Ring, eine Suppe
2 die Sandburg, der Kreis, die Feder

Seite 29
1
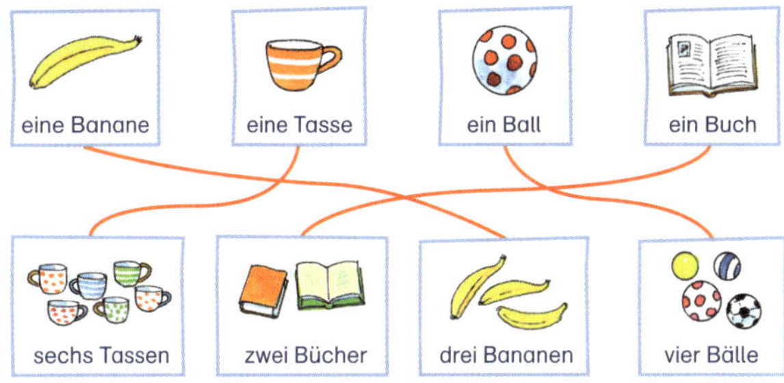

2 der Stift, die Nudel, das Bild

Seite 30
1 die Haustür, der Fußball, das Indianerzelt, der Fingernagel, der Handschuh

Seite 31
1 Spielzeug: Teddybär, Puppe, Ball
Essen: Wurst, Brot, Salat
Kleidung: Schal, Hose, Mütze

Seite 32
1
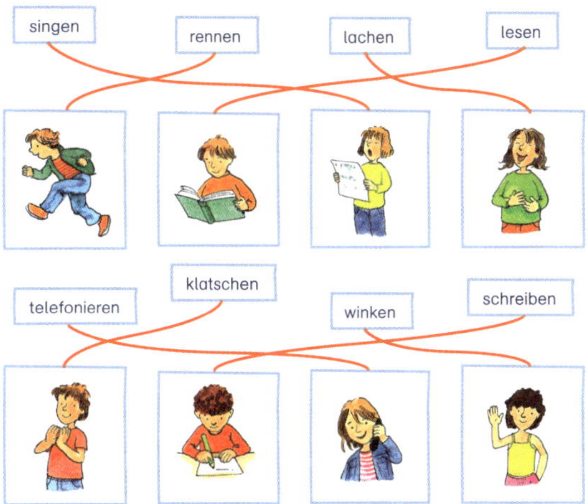

Seite 33
2 Bruno spielt Fußball.
Sarah schreibt einen Brief.
Heinrich springt Seil.
Anne liest ein Buch.
Tim und Tom laufen zur Rutsche.
Maria sitzt auf der Wippe.

Seite 34
1 Der Fußball ist **rund**.
Das Messer ist **scharf**.
Der Teddybär ist **kuschelig**.
Die Schnecke ist **langsam**.
Der Turm ist **hoch**.
Das Eis ist **kalt**.

Lösungen

Seite 35

1 Paul macht seine Hausaufgaben.
Lena und Felix gehen ins Kino.
Frieda spielt auf dem Spielplatz.

Seite 36

1 Die Kinder spielen Federball.
Ein Vogel sitzt auf dem Baum.
Mama backt leckere Waffeln.
Die Fliege landet auf der Nase.

Seite 37

2 Die Sonne scheint am Himmel.
Der Kürbis wächst auf dem Boden.
Der Fisch schwimmt im Wasser.

Die Räuber suchen ihre Beute.
Der Baum steht im Wald.
Der Wal lebt im Meer.
Die Rakete fliegt ins Weltall.

Seite 38

1

Würfel

lachen

Dreieck

hören

Schuh

Topf

Lampe

Herz

Seite 39

1

die Blume

der Pfeil

die Schnecke

das Boot

die Brille

der Ring

die Wolke

das Fahrrad

das Buch

Seite 40

1

Seite 41

1 Diese Sätze sind richtig:
Bauer Bert läuft mit seinem Pony über den Hof.
Im Stall sind Kühe und Schweine.
Die Maus versteckt sich unter dem Traktor.
Das Fahrrad ist gelb.
Zwei Kinder spielen mit einem Ball.

Seite 42

1 Anton und Johanna wollen in ~~auf~~ den Zoo.
Heute ist ~~hat~~ das Wetter schön.
Sie fahren mit ~~in~~ dem Fahrrad.
Im Zoo leben ~~der~~ viele Tiere.
Johanna möchte ~~sind~~ die Pinguine sehen.
Sie sind ~~haben~~ alle im Wasser und tauchen.
Die Löwen liegen ~~machen~~ faul in der Sonne.
Auf dem ~~und~~ Spielplatz sind viele Kinder.
Zum Abschied essen ~~in~~ beide noch ein Eis.
Es war ein ~~der~~ schöner Tag.

Seite 43

1

1				K	R	O	N	E
2				Ä	P	F	E	L
3		B	E	S	E	N		
4	R	O	S	E				
5				K	E	T	T	E
6	S	C	H	U	L	E		
7	M	I	L	C	H			
8				H	U	N	D	
9	E	R	D	E				
10				N	A	S	E	

Das Lösungswort heißt: KÄSEKUCHEN.

Seite 44

1

Seite 45

1 Diese Antworten kreuzt du an: Helene, in einem Baumhaus, Strickleiter, Buch, Kartoffelsuppe.

Seite 47

2
1. Knechte und Mägde, Schmied
2. Wasser holen, Holz hacken, Pferde versorgen
3. die Mägde
4. der Schmied
5. aus Eisen

Seite 48

1 her – **schwer**, nieder – **wieder**, ringsherum – **dumm**, Versteck – **weg**, da – **Hurra**

Seite 49

1 Hier ein Beispiel für das Gedankennetz. Sicher hast du noch andere Wörter gefunden:

Seite 53

1

Seite 55

1 Zur Geschichte passt die Überschrift „Die Schatzsuche“.

Seite 57

2 Karla muss folgende Dinge einkaufen: sechs Eier, Backpulver, Butter, Zucker, Milch, Luftballons und Luftschlangen.

Seite 58

2 Ben wünscht sich zu seinem Geburtstag ein Einrad, einen Kran, eine Torte, einen Drachen, einen Fußball, ein Auto und ein Buch.

Deine Ausmalseite

Für jede Seite, die du im Heft bearbeitet hast, kannst du hier ein Feld ausmalen! Wenn dein Bild fertig ist, weißt du alles, was du in der 1. Klasse wissen musst!

Viel Spaß beim Ausmalen!

- 4–12
- 13–19
- 20–26
- 27–37
- 38–43
- 44–45
- 46–50
- 51–58